I0123197

Le
30 Mars
1900

RÉPUBLIQUE FRANÇAISE
LIBERTÉ — ÉGALITÉ — FRATERNITÉ

VILLE DE PARIS.

LES FÊTES de la
Municipalité de Paris

Inauguration des Nouveaux Bâtiments

de

L'ÉCOLE J.-B. SAY

PARIS
SOCIÉTÉ FRANÇAISE D'ÉDITIONS D'ART
9-11, RUE SAINT-BENOÎT, 9-11

[8]

INAUGURATION

DES NOUVEAUX BATIMENTS

DE

L'ÉCOLE MUNICIPALE J.-B. SAY

(8)

INAUGURATION

DES

NOUVEAUX BATIMENTS

DE

L'ÉCOLE MUNICIPALE J.-B. SAY

le Vendredi 30 Mars 1900

PARIS

SOCIÉTÉ FRANÇAISE D'ÉDITIONS D'ART

11, RUE SAINT-BENOIT, 11

—

1900

BUREAU

DU

CONSEIL MUNICIPAL DE PARIS

(Élu à l'ouverture de la première session ordinaire de 1899, le 1er mars.)

PRÉSIDENT :

M. Louis LUCIPIA.

VICE-PRÉSIDENTS :

MM. John LABUSQUIÈRE.

Adrien VEBER.

SECRÉTAIRES :

MM. DESPLAS.

Paul VIVIEN.

Le GRANDAIS.

Arthur ROZIER.

SYNDIC :

M. Léopold BELLAN.

ADMINISTRATION
DE

LA VILLE DE PARIS & DU DÉPARTEMENT DE LA SEINE

PRÉFET DE LA SEINE. . . . . M. DE SELVES.

Secrétaire général de la Préfecture de la Seine M. AUTRAND.

PRÉFET DE POLICE. . . . . M. LÉPINE.

Secrétaire général de la Préfecture de Police . M. LAURENT.

SERVICES ADMINISTRATIFS

DIRECTEUR des Finances . . . . M. FICHET.
   —   de l'Enseignement primaire. . . M. BEDOREZ.
   —   de l'Assistance publique. . . . . M. NAPIAS.
   —   de l'Octroi. . . . . M. DELCAMP.
   —   du Mont-de-Piété. . . . . M. DUVAL.
   —   des Affaires municipales. . . . . M. MENANT.
   —   des Affaires départementales . . M. LE ROUX.
   —   des Travaux d'Ingénieurs . . . . M. DEFRANCE.
   —   des Travaux d'Architecture . . . M. BOUVARD.
   —   du Personnel. . . . . M. QUENNEC.
   —   du Cabinet . . . . M. HYÉRARD.

SERVICES TECHNIQUES

DIRECTEUR des Eaux et de l'Assainissement M. BECHMANN.
   —   de la Voie publique . . . . M. BOREUX.

SECRÉTARIAT DU CONSEIL MUNICIPAL

CHEF DE SERVICE. . . . . M. F.-X. PAOLETTI

INAUGURATION

DES

NOUVEAUX BATIMENTS DE L'ÉCOLE MUNICIPALE J.-B. SAY

———— ————

I

L'école municipale J.-B. Say a été fondée en 1873 sous
le nom d'Ecole municipale supérieure d'Auteuil, annexée à
l'Ecole normale d'instituteurs que la Ville de Paris venait
d'installer dans une partie de la propriété autrefois occupée
par un grand établissement privé : l'institution Notre-Dame
d'Auteuil.

D'après les projets élaborés par M. Gréard, cette ancienne
institution devait contenir : l'Ecole normale du département
de la Seine et deux écoles annexes : une école primaire élémentaire et une école primaire supérieure.

La direction scolaire fut confiée à M. Menu de Saint-Mes-
nin. L'école normale et l'Ecole élémentaire annexe furent
inaugurées à la fin de l'année 1872 et l'Ecole primaire supérieure quelques mois plus tard, en 1873, sous le nom
d'Ecole municipale supérieure d'Auteuil, annexée à l'Ecole
normale.

Elle fut organisée sur le modèle de l'Ecole Turgot. Mais,

2

tandis que celle-ci ne recevait que des externes, l'Ecole municipale d'Auteuil fut autorisée à admettre le régime de l'internat et du demi-pensionnat. C'était évidemment une condition d'existence et de vitalité pour un établissement éloigné de tout centre d'industrie et de commerce. L'Ecole répondait si bien aux besoins de la population parisienne qu'elle se trouva bientôt envahie et qu'elle obtint son autonomie en 1875.

Elle fit alors retour à l'Administration municipale, prit le nom d'Ecole J.-B. Say (arrêté préfectoral du 10 juin 1876) et fut placée sous la direction de M. Marguerin. Il y introduisit les méthodes d'enseignement, les procédés disciplinaires et le système de surveillance qu'il avait expérimentés à l'Ecole Turgot depuis 1852. Ce que M. Marguerin apportait surtout à l'Ecole, c'était le sens profond de l'éducation, le dévouement entier à son œuvre, l'amour de l'enfant, et avec cela, le don d'entraîner ses professeurs et ses répétiteurs, d'obtenir d'eux un travail considérable, et de provoquer chez tous la passion de bien faire.

Le principe de l'organisation adoptée par M. Marguerin peut se résumer ainsi :

Dans les divisions des 1re, 2e, 3e et 4e années, l'enseignement est confié aux professeurs, la surveillance aux répétiteurs.

Dans la division préparatoire, une part de l'enseignement est confiée aux professeurs, l'autre part de l'enseignement et la surveillance aux répétiteurs.

Dans l'organisation telle que la concevait M. Marguerin, le répétiteur avait un rôle considérable, et c'est grâce à son concours que les professeurs dirigeaient alors dans les Ecoles municipales supérieures des divisions dont l'effectif nous paraît aujourd'hui exagéré. Nous nous arrêterons seulement sur un point qui nous paraît important. Dans la plupart des éta-

ANCIENNE ÉCOLE J.-B SAY

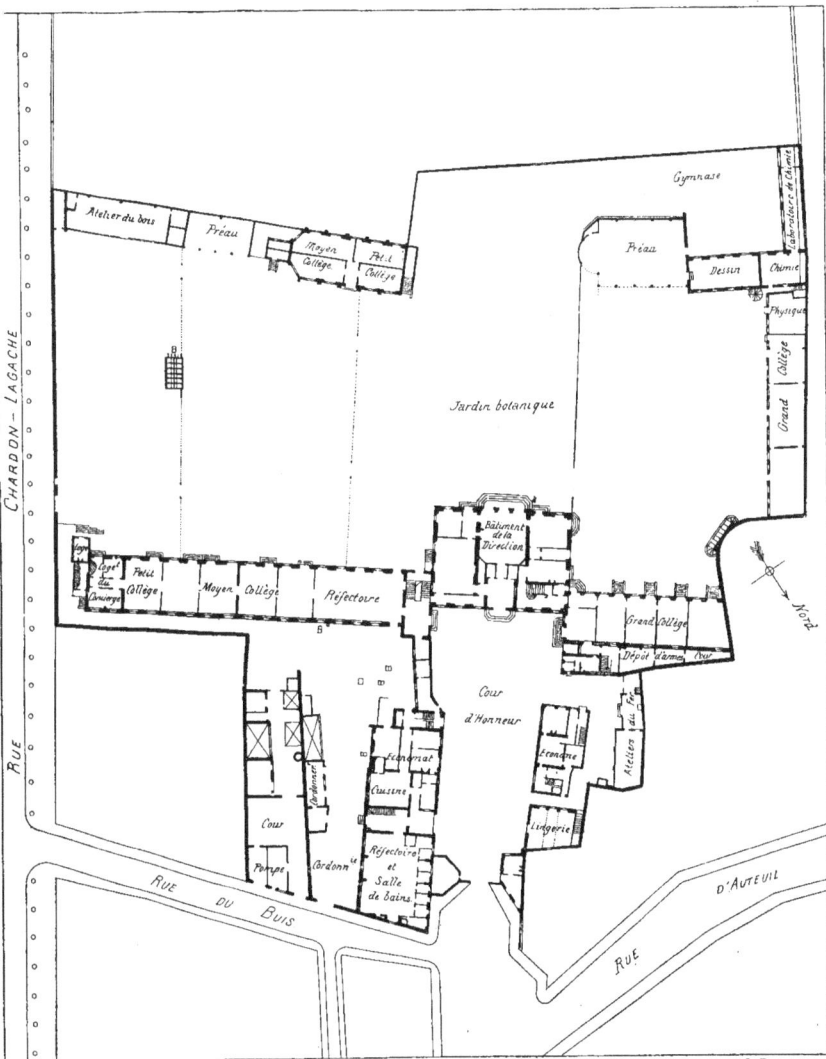

Echelle de 1:800

L. Bécourt.

PLAN DE L'ANCIENNE ÉCOLE J.-B. SAY

blissements d'instruction, l'élève externe n'est admis que pendant la durée des classes. Dans le système de M. Marguerin, l'externe reste à l'Ecole toute la journée et assiste à tous les exercices : classes, études et récréations. Cette surveillance continue de l'élève, cette obligation pour lui de remplir chaque jour, à l'heure marquée, ses différents devoirs lui imprime ces habitudes d'ordre, d'exactitude, de régularité, qui ont toujours recommandé nos élèves dans le monde du commerce et de l'industrie. Considérées en elles-mêmes, ces habitudes sont déjà un enseignement et comme l'apprentissage de la vie d'employé de commerce. D'ailleurs c'est un puissant moyen d'éducation que de multiplier ainsi l'action de l'Ecole sur l'élève en lui enlevant les distractions souvent périlleuses de la rue.

Malgré le régime de l'internat, M. Marguerin voulut maintenir ce système de surveillance sur les externes. C'était une hardiesse et une nouveauté. Au point de vue de l'éducation sociale, le résultat ne peut être qu'excellent, il suffit que la discipline ne soit pas un vain mot.

M. Marguerin prit sa retraite en 1880. Il fut remplacé par M. Coutant, professeur d'histoire au Collège Chaptal et à l'Ecole J.-B. Say. L'Ecole comprenait alors : une division préparatoire, deux divisions de 1re année, une division de 2e, une de 3e et une de 4e année partagée en deux sections.

Malgré l'autonomie de l'Ecole J.-B. Say, ses services restaient installés à côté de ceux de l'Ecole normale et de l'Ecole élémentaire annexe, pendant toute la durée de la construction de l'Ecole normale de la Seine. Cette situation prit fin en 1882. L'Ecole normale et l'Ecole élémentaire annexe occupèrent alors les locaux édifiés par le département, et l'Ecole J.-B. Say, désormais seule en possession des bâtiments de l'ancienne institution privée, devint absolument indépendante et se développa rapidement.

Les grands bâtiments situés de chaque côté du pavillon central renfermaient les services scolaires les plus importants, mais ils avaient été construits avec précipitation pour y recevoir les élèves de l'ancienne institution. Il fallut les étayer successivement. Puis tous ces locaux, appropriés le mieux possible aux besoins d'une École primaire supérieure, étaient devenus tout à fait insuffisants pour la population scolaire et ne répondaient plus aux exigences imposées par les progrès de la pédagogie moderne.

Le 24 juillet 1891, sur le rapport de M. Gaufrès, président de la Commission de patronage, le Conseil Municipal adopta définitivement le plan de reconstruction présenté par M. Salard, architecte.

L'adjudication des travaux eut lieu le 7 novembre et l'on se mit à l'œuvre le 28 décembre 1891.

La nouvelle École devait être reconstruite sur l'emplacement de l'ancienne. Sa superficie fut d'abord augmentée par l'achat d'une petite propriété située sur la rue d'Auteuil (153 mètres), puis par l'établissement d'une limite définitive (1.194 mètres) et d'une emprise du côté de l'École normale (515 mètres). Enfin la propriété formant angle de la rue du Buis et de la rue Chardon-Lagache (1462 mètres), et enclavée dans le terrain de l'École, fut mise en vente, le 29 mai 1897. La Commission de patronage chargea son président, M. Léopold Bellan, syndic du Conseil municipal, d'en négocier l'achat auprès de l'autorité préfectorale. Cette acquisition, devenue nécessaire pour l'agrandissement de l'École et l'installation convenable des services de l'internat, donne aujourd'hui à l'École J.-B. Say son périmètre naturel et, de plus, l'isole complètement des propriétés voisines. Ce sont là des conditions avantageuses pour une maison d'éducation.

NOUVELLE ÉCOLE J.-B. SAY.

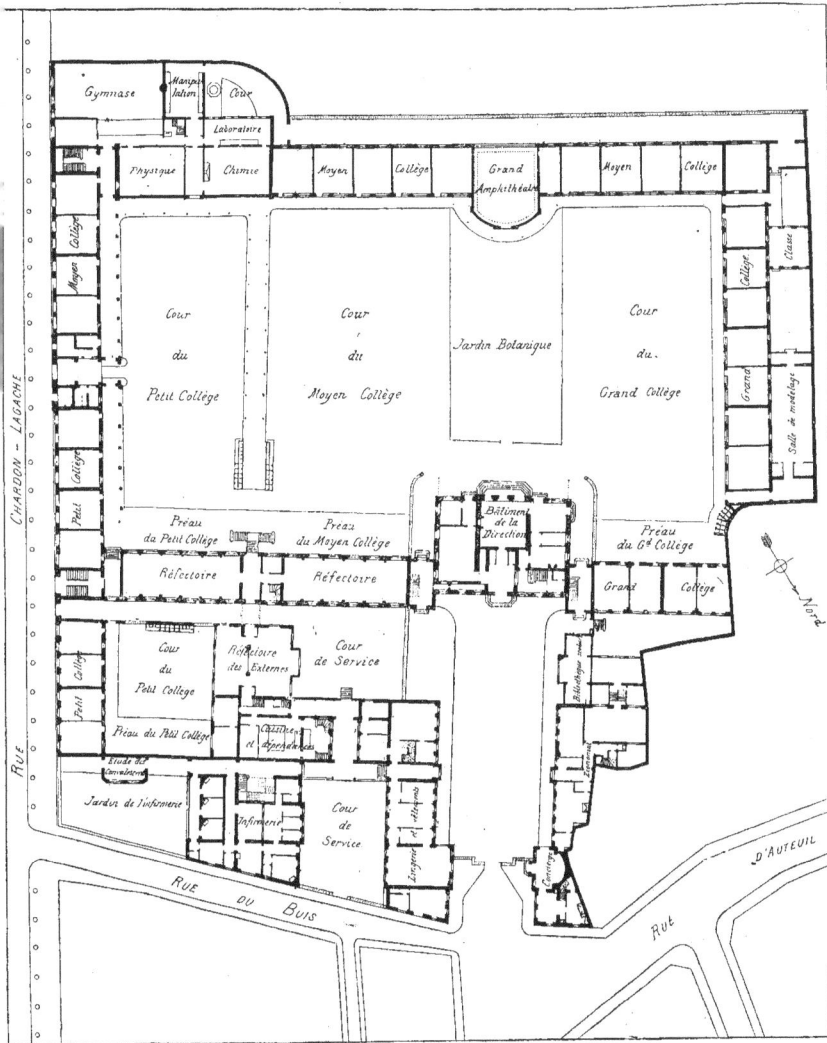

Gymnase — Manipulation — Cour — Laboratoire

Physique — Chimie — Moyen — Collège — Grand Amphithéâtre — Moyen — Collège

Moyen Collège

Collège — Classe

Petit Collège

Cour du Petit Collège — Cour du Moyen Collège — Jardin Botanique — Cour du Grand Collège

Grand Collège — Salle de modelage

Préau du Petit Collège — Préau du Moyen Collège — Bâtiment de la Direction — Préau du G^d Collège

Réfectoire — Réfectoire — Grand — Collège

Petit Collège

Cour du Petit Collège — Réfectoire des Externes — Cour de Service — Bibliothèque — Lavatoir

Préau du Pêtit Collège — Cuisines et dépendances

Étude des Convalescents — Jardin de l'Infirmerie — Infirmerie — Cour de Service — Lingerie et dépôts — Conciergerie

CHARDON — LAGACHE — RUE

RUE DU BUIS — Rue — D'AUTEUIL

Nord

Échelle de 1:800

L. Bécourt

PLAN DE LA NOUVELLE ÉCOLE J.-B. SAY

La superficie est donc de 16.895 mètres carrés. Transformée, l'école pourra recevoir 800 élèves.

Elle ne sera complètement terminée que dans quelques années ; mais dès aujourd'hui la partie qui renferme les services scolaires les plus importants est achevée.

II

Dans sa séance du 31 janvier 1899 le Conseil d'administration de l'école J.-B. Say, sur la proposition de M. Léopold Bellan, son président, décida que, les nouveaux bâtiments nécessaires à la partie scolaire étant achevés, il y avait lieu d'entêter la mise en service par une inauguration à laquelle seraient invités le Ministre de l'Instruction publique et le Ministre du Commerce.

Le Bureau du Conseil fixa, d'accord avec le Préfet de la Seine et la direction de l'enseignement, cette cérémonie au vendredi 30 mars 1900 à 1 heure 1/2.

Les invités de la Municipalité de Paris pénétraient dans l'établissement par l'entrée de la rue Chardon-Lagache.

M. Leygues, ministre de l'instruction publique, présidait la cérémonie, ayant à sa droite MM. Louis Lucipia, président du Conseil municipal, Gréard, vice-recteur de l'Académie, Léopold Bellan, syndic du Conseil municipal, président du Conseil d'administration de l'école, Laurent, secrétaire général de la Préfecture de Police représentant M. le Préfet de Police empêché; à sa gauche, MM. de Selves, préfet de la Seine, Adrien Veber, vice-président du Conseil municipal, Bayet, directeur de l'Enseignement primaire au ministère de l'Instruction publique, Autrand, secrétaire général de la Préfecture de la Seine, Bedorez, directeur de l'Enseignement primaire, Fortin, Gay, conseillers municipaux.

M. Dupré, chef-adjoint du Cabinet du ministre du Commerce, représentait M. le ministre du Commerce empêché.

Avaient pris place sur l'estrade officielle MM. les membres de la Municipalité du XVe arrondissement, les membres des Commissions de la mairie, Gaufrès membre du Conseil de surveillance de l'Ecole, Dejean, chef du Cabinet du Ministre de l'Instruction publique, Chardenet, directeur du Cabinet du Préfet de police, Manuel, inspecteur général, président de la Société historique d'Auteuil et de Passy, Martin, chef du Cabinet du président du Conseil municipal, Couralet, secrétaire du Préfet de la Seine, Dybowski, inspecteur général de l'agriculture aux Colonies, Maillard, inspecteur des travaux d'art et des fêtes, May, chef des services administratifs de la Direction de l'Enseignement, Leroux, inspecteur administratif des Ecoles municipales supérieures et professionnelles, Salard, architecte de l'Ecole, Nachon, commissaire de police d'Auteuil, Lévêque, directeur de l'Ecole, etc.

Les discours suivants ont été prononcés :

Discours de M. Léopold BELLAN

SYNDIC DU CONSEIL MUNICIPAL DE PARIS

PRÉSIDENT DU CONSEIL D'ADMINISTRATION DE L'ÉCOLE

Monsieur le Ministre,

Monsieur le Président du Conseil municipal,

Au nom du Comité de patronage, au nom du personnel et des élèves, et au nom de l'Association amicale des anciens élèves de l'école J.-B. Say, j'ai l'honneur de vous remercier du témoignage de sympathie que vous daignez nous accorder, en venant présider l'inauguration de ce bel établissement municipal.

L'école J.-B. Say est une école primaire supérieure qui s'oriente progressivement vers les carrières industrielles et commerciales, sans exclure de son programme l'enseignement littéraire. La jeune armée du travail, qu'elle a mission de conduire à la conquête du savoir et de l'éducation, peut être considérée comme formée d'un corps central, où figurent les trois années de l'enseignement primaire supérieur, et de deux ailes qui représentent : l'une, les trois classes de l'enseignement primaire, l'autre, les cours supplémentaires dont l'ensemble constitue la quatrième année.

C'est dans cette division supérieure que se complète l'instruction générale des élèves, que se développent les préparations aux écoles industrielles. Mais notre but tend au delà des succès constants remportés chaque année dans les concours et les examens. Nous voulons que nos élèves ne se spécialisent pas trop tôt, que dès l'école ils ne se rendent pas esclaves d'une étroite spécialité, mais qu'ils acquièrent, avec le savoir technique, cette culture générale de l'esprit qui remplace chez nous les études classiques. Ainsi nourris d'idées générales et élevées, les meilleurs d'entre eux pourront atteindre au niveau de cette élite intellectuelle, appelée à tenir un rang honorable dans notre société démocratique, aussi bien dans le commerce et de l'industrie que dans la politique.

L'organisation de nos études est imprégnée de cet esprit. Ainsi le travail manuel, récemment réorganisé, est devenu éducatif et s'adresse à l'intelligence autant qu'habileté des organes. Le modelage n'est pas enseigné en vue d'un métier, ni comme un exercice d'art; il est simplement un procédé de reproduction de la forme qui s'ajoute aux procédés du dessin, qu'il éclaire et complète.

L'école J.-B. Say offre à ses élèves une instruction complète, à la fois générale et pratique. De plus, elle leur donne aussi, suivant leurs aptitudes, et à différents degrés de leur instruction, le moyen de se diriger vers l'enseignement secondaire classique. Enfin elle prépare ses élèves de 4ᵉ année à entrer, suivant leurs aptitudes, dans les divisions préparatoires des établissements d'enseignement secondaire, pour aborder les concours d'admission aux grandes écoles de l'État. Grâce à la souplesse de son organisation, l'école J.-B. Say, tout en dirigeant spécialement ses élèves vers les carrières actives du commerce et de l'industrie, fournit à chacun d'eux le moyen de tirer de soi-même l'homme le plus plus complet possible.

Cette instruction générale et pratique, qui fait si bien concourir les études de l'enfant aux nécessités de la vie, est fécondée par un système d'éducation qui imprime à l'école J.-B. Say son caractère personnel.

Introduit dès l'origine, conservé et développé par la direction actuelle, ce système établit, dans le régime de l'internat, comme dans celui de l'externat, une unité de direction morale et disciplinaire qui attache un groupe d'élèves à un seul maître, directeur du groupe, et qui permet d'exercer sur les enfants une action persévérante, intime et efficace.

L'interne de l'école J.-B. Say n'est pas sevré des douceurs ni des conseils de la famille. On favorise, au contraire, le retour fréquent de l'interne au foyer paternel. Il revient plus volontiers à l'école, mieux disposé à s'exercer avec ses égaux, aux luttes et aux preuves qui sont pour lui l'apprentissage de la vie. J'ai souvent entendu parler de l'internat, mais mon opinion est faite en ce qui concerne l'internat de nos écoles primaires supérieures parisiennes. En qualité de président du Comité de patronage, il m'est donné de suivre, pour ainsi dire jour par jour, la marche de notre école, et j'éprouve un sentiment de grande consolation et de légitime fierté en constatant tout ce qui se dépense d'intelligence et d'activité, de tendresse et de fermeté pour l'éducation de nos enfants.

On a remarqué que la ville de Paris, comme les grandes cités, se développe vers l'Ouest, et il semble que le Conseil municipal, en fondant l'école J.-B. Say, l'internat de nos écoles primaires supérieures, l'ait placé comme à l'avant-garde du progrès. Nos maîtres et nos élèves ne l'oublient pas.

Ils se rappelleront aussi avec reconnaissance que leur école est la première qui ait eu le privilège d'être inaugurée par le grand-maître de l'Université de France, que M. le ministre du Commerce tenait à se souvenir que M. Millerand, conseiller municipal, avait fait partie du comité de patronage de l'école, et que seule une discussion à la Chambre a pu l'empêcher d'assister à cette fête.

Ils trouveront, dans cet empressement du gouvernement de la République, une nouvelle preuve que l'instruction des enfants est l'objet de ses préoccupations constantes.

Le Conseil municipal de Paris a, dès la première heure, senti ce qu'il devait à l'enfance. Il a voulu que chacun pût, suivant ses aptitudes, acquérir une instruction aussi complète que possible. Il a tenu à armer les futurs citoyens du savoir qui devait leur rendre plus facile l'entrée dans la vie active, et leur enseigner leurs devoirs et leurs droits. Aucun sacrifice ne lui a coûté, mais il se sentira suffisamment récompensé si nos élèves savent montrer tout ce qu'on peut attendre d'une instruction pratique et libérale, d'une éducation à la fois sociale et familiale, et qu'ils reconnaissent tout ce qu'ils doivent à la ville de Paris, tout ce qu'ils doivent à la République.

Discours de M. Louis LUCIPIA

PRÉSIDENT DU CONSEIL MUNICIPAL DE PARIS

Mesdames,

Messieurs,

Vous ne serez certainement pas surpris en m'attendant prononcer quelques paroles élogieuses pour notre école primaire supérieure Jean-Baptiste Say.

Elle est de celles pour qui le Conseil municipal de Paris a des prédilections particulières, parce qu'il croit qu'elle répond à un besoin social, qu'elle a une place marquée dans notre enseignement moderne.

Et puis, vous le savez, La Fontaine, qui a tout prévu, a dit :

.....mes petits sont mignons,
Beaux, bien faits, et jolis sur tous leurs compagnons.

Ne croyez pas cependant que je vais dire que notre école Jean-Baptiste Say, si brillante, si utile, si justement appréciée dans le monde des éducateurs, si recherchée par les familles, est arrivée à la perfection et que l'idéal est atteint : le propre de l'idéal est de s'élever lorsqu'on marche vers lui.

Le Conseil a fait ce qu'il a cru être le mieux, persuadé, d'ailleurs, qu'un autre mieux serait aperçu le lendemain.

Aujourd'hui même, sans que cette coïncidence ait été voulue, après cette cérémonie, le Conseil municipal va, en séance publique, continuer la discussion de l'organisation des écoles primaires supérieures, et spécialement de l'école Jean-Baptiste Say, qui est l'objet d'un rapport présenté par notre Commission de l'enseignement.

Instruits par le passé, nous pensons que si le recul est abominable comme une mauvaise action, le piétinement sur place est un réel danger.

ENTRÉE DES EXTERNES SUR LA RUE CHARDON-LAGACHE

Toujours un progrès doit préparer la voie à un autre progrès.

Le très intéressant rapport de M. Lévèque, directeur de l'école, à qui le Gouvernement de la République vient d'accorder une haute distinction, rapport qui est une véritable monographie de l'école Jean-Baptiste Say, nous a donné des statistiques instructives sur les procédés éducatifs employés dans l'école qu'il dirige et sur les résultats obtenus grâce, précisément, à des transformations successives.

Je voudrais pouvoir mettre sous vos yeux, les chiffres de ce rapport, ils sont un précieux encouragement pour ceux qui ont collaboré à la besogne entreprise.

En venant à l'école Jean-Baptiste Say, vous saviez, Monsieur le Ministre, qu'il ne s'agissait point d'une inauguration d'école dans le sens ordinaire du mot; l'école n'est pas nouvelle : elle fonctionne depuis 1873 : des circonstances diverses, indépendantes de votre volonté et de la nôtre nous ont même obligés à utiliser les derniers bâtiments construits pour donner de l'aisance aux anciens services ou aider à en créer de nouveaux.

Vous le saviez, et vous êtes venu, voulant, ce dont nous vous remercions, donner une sorte de consécration officielle à l'enseignement primaire supérieur organisé par la ville de Paris dans une école qui, comme les grands établissements universitaires, comprend toutes les catégories d'élèves, depuis le pensionnaire qui reçoit ici l'instruction et l'éducation jusqu'à l'externe qui suit simplement les cours.

Votre visite portera ses fruits; on pourra la rappeler à ceux qui essaient de dénigrer l'école; elle sera un précieux encouragement pour le personnel, elle prouvera que rien de ce qui est utile à l'instruction n'est indifférent au Gouvernement de la République.

Ce sera peut-être aussi l'occasion de nouvelles attaques contre vous, qui avez osé chercher à réagir contre ceux qui prétendent qu'il y a des droits supérieurs pouvant faire obstacle aux droits que l'enfant a sur la société.

Vous vous en féliciterez, nous vous en féliciterons, car ces attaques prouveront que vous êtes resté fidèle à la saine doctrine démocratique et républicaine.

Discours de M. J. DE SELVES

PRÉFET DE LA SEINE

Monsieur le Ministre,

Messieurs,

Le 28 juin 1833, intervenait une loi, dont M. Guizot était le promoteur et qui allait devenir la charte de l'enseignement primaire en France.

Symbole de l'esprit de résistance en matière politique, M. Guizot avait en effet l'esprit largement ouvert aux besoins populaire en matière d'enseignement. L'instruction primaire élémentaire, nécessaire à tous, due à tous, était, suivant sa propre expression, « la dette étroite du pays envers ses fils ».

Entre l'enseignement des écoles du premier degré et celui des lycées ou collèges, il fallait un enseignement intermédiaire, approprié aux exigences moyennes des familles qui, sans prétendre pour leurs enfants à l'instruction secondaire, tenaient néanmoins à leur faire donner une instruction plus étendue et plus complète.

La loi du 28 juin 1833, qui semblait satisfaire ces besoins ne donna cependant pas tous les résultats qu'en attendait son initiateur.

Certaines municipalités reculèrent devant les charges onéreuses que la loi faisait peser sur elles, et les rares écoles primaires supérieures qui furent fondées se recrutèrent difficilement. Elles se dépeuplèrent ensuite peu à peu, la loi du 15 mars 1850 les frappa du coup de grâce.

Paris fit exception, les écoles primaires supérieures qui y existaient s'y maintinrent , comme pour affirmer l'utilité de l'idée qui les avait fait naître et constituer un point de repère pour les créations à venir.

Une première école supérieure, d'abord installée rue Neuve-

Saint-Laurent et, plus tard, transférée rue de Turbigo, sous le nom d'école Turgot, avait été ouverte dès 1839.

Ce fut ensuite le collège Chaptal connu à l'origine sous la désignation d'école François 1er, puis encore l'école Colbert.

Le mouvement ne devait plus s'interrompre. M. Gréard venait de prendre à l'Hôtel de Ville la direction des services de l'Enseignement primaire et il allait justifier, de manière éminente, ce mot de Jules Simon, « qu'il avait été le créateur de l'enseignement primaire à Paris ».

L'école Lavoisier était fondée en 1872.

L'école Jean-Baptiste Say suivait de près.

Dans les premières années, elle fut une annexe de l'École normale d'instituteurs et, comme elle, un établissement départemental. Mais, en 1875, la ville de Paris, qui se préoccupait de la création d'une école primaire supérieure dans la région de l'ouest s'entendit avec le Département, et, cédée par lui, elle devint école municipale.

Sous la direction aussi habile que passionnément dévouée de M. Marguerin, « attaché aux enfants comme le paysan à sa terre », ainsi qu'il le disait lui-même, l'école prospéra dès ses débuts.

M. Coutant, actuellement inspecteur général de l'Instruction publique, vint après lui et avec un rare bonheur poursuivit l'œuvre commencée.

M. Lévêque, qui la dirige actuellement, lui succéda.

Ai-je besoin de vous indiquer que M. Lévêque se donna tout entier à l'œuvre si bien conduite par ses prédécesseurs et ajouta de nouvelles causes de progrès à celles déjà acquises ?

Vous connaissez les mérites de M. Lévêque, vous spécialement, Monsieur le ministre de l'Instruction publique, qui, en janvier dernier, les avez consacrés en lui faisant accorder par M. le Président de la République la croix de la Légion d'honneur.

Le département de la Seine avait entrepris la construction d'une école normale et d'une école primaire annexe, de nature à mieux répondre à leur destination.

Ces constructions étaient terminées en 1882.

Dès ce moment l'école J.-B. Say prit possession de tous les anciens bâtiments et eut une existence indépendante. Mais ces locaux ne tardèrent pas à devenir insuffisants ; ils ne répondaient plus d'ailleurs à leur destination, leur vétusté nécessitait des réparations fréquentes.

Aussi, par une délibération du 24 juillet 1891, le Conseil municipal approuva un projet d'agrandissement de l'école. L'exécution ne se fit pas attendre et l'on pût, grâce — j'ai plaisir à le dire — à l'heureuse intervention de M. Bellan, syndic du Conseil municipal, président du Comité de patronage de l'école, devenir rapidement acquéreur des terrains nécessaires à cet agrandissement.

Tous les travaux prévus ne sont pas encore terminés, il en a été réalisé pour un chiffre de 1,685,000 francs, et dès aujourd'hui l'école est assurée d'une installation en rapport avec ses besoins.

Le terrain dans son ensemble comprend une surface de 16,895 mètres carrés. Les bâtiments, qui, reçoivent plus de 800 élèves et peuvent loger 200 pensionnaires, comprennent des réfectoires, des classes, des amphithéâtres, des galeries de collections, des ateliers pour le travail manuel, etc., etc., un agencement, en un mot, aussi complet et aussi parfait qu'une école de cette importance le peut exiger.

Une fois terminée, l'œuvre de construction proprement dite aura comporté une dépense générale et totale de 2,100,000 francs.

Elle a été judicieusement et économiquement conduite par M. l'architecte Salard, depuis vingt et un ans au service de la ville de Paris.

A lui confiée, elle était en bonnes mains, car nous ne saurions oublier que M. l'architecte Salard compte parmi les plus distingués collaborateurs de l'éminent architecte du nouvel Hôtel de Ville, M. Ballu.

Désormais, matériellement installée dans les meilleures conditions qu'il soit possible, l'école Jean-Baptiste Say, avec ses trois années normales d'enseignement et sa quatrième année facultative va marcher vers de nouveaux progrès, remplissant tout son but, sans viser au delà, car elle discerne combien il est essentiel qu'elle se maintienne dans son cadre normal.

Comme gage de son avenir, Messieurs, elle a la haute compétence de son directeur, la science, le dévouement de ses maîtres, il serait injuste de ne pas ajouter le concours éclairé de son Comité de patronage, toujours si attentif à ses besoins et qui a l'honneur de compter parmi ses membres M. Gréard, l'ami de la première heure.

Le nombre des élèves ayant depuis dix ans quitté l'établissement est de 2,824.

1,150 ont trouvé des emplois dans le commerce, dans l'industrie ou les banques.

407 sont entrés dans les écoles, dont 17 à l'Ecole centrale, 89 à l'Ecole de physique et de chimie industrielles, 112 dans les écoles des arts et métiers.

140 élèves sont allés à l'étranger pour y apprendre le commerce et se perfectionner dans la connaissance des langues.

Ces résultats excellents témoignent de la valeur pratique de l'enseignement reçu à l'école.

Ils sont en partie la récompense des sacrifices consentis par la ville de Paris à la cause de l'enseignement, — sacrifices qui se chiffrent dès ce jour par des centaines de millions.

Ces dépenses énormes, Paris ne les regrette pas, ses élus se disposent à en grossir prochainement le chiffre, espérant que la semence qu'ils jettent en terre fructifiera abondamment et convaincus qu'ils servent ainsi — de la meilleure manière — la cause de la République et de l'Humanité.

Discours de M. LEYGUES

MINISTRE DE L'INSTRUCTION PUBLIQUE

Messieurs.

J'ai répondu avec empressement à l'invitation que le Conseil municipal de Paris m'a fait l'honneur de m'adresser et j'ai tenu à assister à cette fête pour deux raisons : la première pour apporter à l'Ecole J.-B. Say, au nom du gouvernement, un témoignage public de sympathie et d'estime ; la seconde pour marquer le lien étroit qui unit mon administration au Conseil municipal, qui nous apporte un concours si éclairé et si généreux ! (*Applaudissements.*)

Messieurs, la cérémonie d'aujourd'hui, réduite même, si vous le voulez, à la simple proportion d'une fête de famille, a son caractère propre.

Elle marque que rien de ce qui touche à l'éducation nationale, à l'instruction de nos enfants, n'est indifférent au gouvernement de la République (*Vifs applaudissements.*)

Elle marque aussi qu'il y a entre le Ministre du Commerce et le Ministre de l'Instruction Publique un accord parfait.

Vous avez ici résolu une des difficultés les plus grandes, un des problèmes les plus difficiles qui se posent devant les pouvoirs publics; vous avec constitué une école qui est à la fois une école primaire élémentaire et une école primaire supérieure; qui, avec ses cours supplémentaires et ses cours d'instruction générale, constitue un ensemble très autonome, d'une personnalité très accusée. — Vous avez établi, en quelque sorte, le chaînon qui relie l'enseignement moderne à l'enseignement primaire.

Ne serait-ce que par le résultat que je viens de signaler, vous auriez accompli une œuvre excellente. Mais vous avez fait plus ; vous avez doté l'enseignement que distribue la ville de Paris, d'un organisme extrêmement utile, je dirai même indispensable.

Messieurs, depuis quelques années, l'évolution qui se produit dans le monde entier, nous a démontré que sur les champs de bataille de l'Industrie, du Commerce, de l'Agriculture et des entreprises coloniales, la bonne volonté, le courage, l'activité ne suffisent plus. La science a tout envahi et il n'est plus possible de lutter à armes égales à l'étranger, si on n'apporte pas autre chose. (*Très bien! Très bien!*)

Il faut aux industriels, aux négociants, aux agriculteurs et aux colonisateurs de demain, une instruction solide, une éducation générale étendue et d'une application pratique. Tout cela vous l'avez réalisé ici.

Vous avez marqué par là que, dans notre pays, la nécessité d'un enseignement pratique s'impose. Et je dis un mot en passant de cette prétendue rivalité qui existerait entre ces deux ordres d'enseignement : le classique et l'enseignement pratique. Il n'y a pas de rivalité, il ne peut y en avoir.

L'enseignement classique répond à des besoins parfaitement clairs, parfaitement déterminés, que tout le monde comprend. Mais tout le monde sent aussi le péril immense qu'il y aurait à ne préparer notre jeunesse qu'en vue des carrières libérales.

Sans doute, il faut des hommes pour remplir les carrières libérales ; mais que deviendrait notre pays, si tous les jeunes gens suivaient cette carrière ; on lui enlèverait les causes essentielles de sa prospérité et de sa puissance ! (*Applaudissements prolongés.*)

Donc, à côté des cours classiques qu'une démocratie doit conserver avec un soin jaloux, il faut créer, développer par tous les moyens en notre pouvoir, un enseignement nouveau qui réponde aux nécessités de l'heure actuelle. Et cet enseignement, je le répète, doit être tourné vers des applications pratiques.

C'est ce que vous faites ; vous le préparez ici et vous le distribuez à une certaine catégorie de jeunes gens qui le demandent ; vous donnez ainsi satisfaction aux négociants, aux industriels qui vous confient leurs enfants.

Vous faites là une œuvre extrêmement utile et qui un a intérêt national et patriotique ! (*Applaudissements prolongés.*)

Vous avez fait autre chose dont je tiens à vous féliciter, vous avez accordé à l'étude des langues vivantes une grande place.

Vous avez pensé qu'il ne suffisait pas d'apprendre en France les langues étrangères ; vous envoyez un certain nombre de jeunes gens à l'étranger apprendre la langue sur place. C'est une réforme excellente.

Je sais que le Conseil municipal s'intéresse beaucoup à cet enseignement des langues vivantes; au nom de l'Université, je lui en exprime toute ma reconnaissance.

Cette maison n'est pas ancienne, elle est de date récente. Les bremiers fondements, on peut le dire, en furent jetés en 1871 par M. Gréard, dont nous trouvons le nom associé à toutes les grandes entreprises scolaires de ce pays. (*Très bien! Très bien! applaudissements*).

C'est en 1876 que l'école prit le titre qu'elle a encore aujourd'hui et nous trouvons associés à son existence et à sa prospérité les noms cités tout-à-l'heure par M. le Préfet de la Seine et, auxquels, pour mon compte, j'associe une fois de plus le nom de M. Levêque, nouvellement promu par le gouvernement dans la Légion d'honneur. (*Double salve d'applaudissements.*)

Je n'oublierai pas M. Salard, l'architecte habile dont le savoir a permis de réaliser des choses bien difficiles; je veux dire la construction de bâtiments à la fois élégants et simples, et spacieux, et qui donnent satisfaction à ce que les familles sont en droit d'exiger au point de vue de l'hygiène. (*Très bien! Très bien!*)

Je le félicite donc d'avoir, dans la mesure du possible, contribué au développement de cette maison et à son succès.

Je terminerai en disant que tout ce qui touche à l'enseignement, à l'instruction, à l'éducation a, dans une démocratie, une importance capitale. Former l'esprit de l'enfant d'aujourd'hui, qui sera le citoyen de demain, c'est préparer un avenir meilleur. Il n'est pas de devoir plus haut qui s'impose à une démocratie soucieuse de son avenir, de sa puissance matérielle et de son autorité morale. Il n'est pas de devoir plus haut que celui qui consiste à distribuer largement l'instruction et l'éducation aux enfants du peuple! (*Double salve d'applaudissements et bravos.*)

Mais il faut que cette distribution se fasse avec méthode par des hommes éclairés, soucieux de leur responsabilité, ne confondant pas les divers besoins de ce pays auxquels des enseignements divers répondent. Car dans l'armée du travail, il y a, comme dans la véritable armée, des différences à établir suivant que l'un est artilleur et que l'autre est fantassin ou cavalier. C'est en posant les problèmes simplement qu'on arrive toujours à les résoudre d'une manière heureuse.

Le Conseil municipal, mon administration par l'organe de M. Gréard, ont étudié le problème sous la forme que je viens d'indiquer et ils ont apporté une solution définitive.

UN DES DORTOIRS

Je me félicite, Messieurs, d'avoir été associé à cette fête; vous avez fait une œuvre démocratique et par là même une œuvre patriotique ! (*Salve d'applaudissements et bravos prolongés.*)

M. le ministre a ensuite remis au Personnel de l'École, les distinctions honorifiques suivantes :

Officiers de l'Instruction publiques :

MM. Buisson, professeur de mathématiques.
Frécaut, professeur de physique et de chimie.
Renault, professeur d'histoire, de géographie et de législation usuelle.

Officiers d'Académie :

MM. Baron, répétiteur externe, chargé de la direction de la division des arts et métiers.
Etevenon, surveillant général.
Faurel, instituteur adjoint, chargé du cours supérieur des classes primaires.
Guby, secrétaire de l'Association amicales des anciens élèves de l'École J.-B. Say.
Lasserre, professeur de mathématiques.
Nass, professeur de mathématiques.
Proix, professeur de français.

M. Lucipia, président du Conseil municipal, remet, au nom de la ville de Paris, des médailles d'argent à MM. Kohl et Dauguet, agents de service à l'école J.-B. Say.

Au cours de la cérémonie, les enfants de l'école, sous la direction de leur professeur de chant, M. Dardet, exécutèrent les morceaux suivants :

Pastorale, chœur à trois voix de M. E. Dardet.

Le Chant des Amis, chœur à trois voix d'Ambroise Thomas.

Les Vaillants du Temps Jadis, Mélodie du recueil *les chants populaires pour les Écoles*, de Maurice Bouchor.

Après la remise des distinctions honorifiques, par le Ministre de l'Instruction publique, et des médailles par M. le Président du Conseil municipal, M. Leygues, suivi des membres du Conseil municipal et de l'administration a visité successivement : le gymnase, l'amphithéâtre de physique, le laboratoire et la salle de manipulation de chimie, les salles de dessin, les dortoirs des élèves des classes primaires, les réfectoires des internes et le réfectoire spécial des externes, les ateliers du fer et du bois.

Le cortège s'est ensuite rendu au pavillon central où un lunch à été offert aux invités dans le parloir de l'Ecole.

COMITÉ DE PATRONAGE

DE

L'ÉCOLE JEAN-BAPTISTE-SAY

———

MM. GRÉARD, Vice-recteur de l'Académie de Paris.

BÉDOREZ, Directeur de l'Enseignement primaire de la Seine.

BIÉTRIX, Inspecteur de l'Enseignement primaire de la Seine.

BELLAN, Syndic du Conseil municipal, *Président*.

BERNIER, Conseiller municipal.

CHÉRIOUX, Conseiller municipal.

CLAIRIN, Conseiller municipal.

DANIEL, Conseiller municipal.

GAY, Conseiller municipal.

LE BRETON, Conseiller municipal.

LOUIS MILL, Conseiller municipal.

GAUFRÈS, ancien Conseiller municipal.

LÉVÊQUE, Directeur de l'École, *Secrétaire*.

PERSONNEL

DE

L'ÉCOLE JEAN-BAPTISTE-SAY

ADMINISTRATION

MM.

Directeur . . . . Lévêque, ✹, I. ⚭.
Surveillant général du grand Collège . . . . . . Fouré, I. ⚭.
Surveillant général du petit Collège. . . . . . . Etevenon, A. ⚭.

SERVICE ÉCONOMIQUE

MM.

Économe. de Saint-Preux, A. ⚭.
Commis d'Économat. . . . . Mullot, A. ⚭, Perdrier.
— — . . . . Carré.
Secrétaire de la Direction . . . . Boyron, A. ⚭.

SERVICE MÉDICAL

MM.

Médecin de l'École . . . . Dr Simard.
Médecin auriste . . . . Dr Saint-Hilaire.
Médecin oculiste . . . . Dr Debierre, I. ⚭.
Dentiste . . . . Fabien Saint-Hilaire.
Interne, résidant à l'infirmerie . . . . Dr Lacaze-Duthiers.

ENSEIGNEMENT

MM.

Morale.	Dupont-Sevrez, I. ٥, Lalanne, I. ٥.
—	Proix, A. ٥, Dauvergne.
Langue et Littérature françaises. . .	Lalanne, I. ٥. Porcher.
— — — . . .	Proix, A. ٥, Dauvergne.
Lecture expressive.	Ricquier, I. ٥.
Histoire et Géographie.	Renault, I. ٥, Martin, *, A. ٥.
— —	Porcher.
Instruction civique.	Renault, I. ٥, Martin, *, A. ٥.
Législation, Économie	Renault, I. ٥.
Langue anglaise	Carroué, A. ٥, Audra.
Langue allemande	Reibel, A. ٥, Proust, A. ٥.
Langue espagnole	Lanquine, A. ٥.
Mathématiques.	Pichenot, A. ٥, Buisson, I. ٥.
—	Perrin, A. ٥, Lyonnet.
—	Lasserre, A. ٥, Wagner.
—	Nass.
Mécanique, Physique et Chimie . . .	Serres, A. ٥, Frécaut, I. ٥.
— — — . . .	Chastaing, I. ٥, Métral, A. ٥.
Histoire naturelle . . . . . . · . . .	Faideau, A. ٥.
Comptabilité.	Clapéron, I. ٥.
Dessin d'ornement.	Barrau, *, Keller, I. ٥.
Dessin géométrique	Naturel, A. ٥, Bécourt, A. ٥.
Calligraphie	Cassagne, I. ٥, Lemaire.
Chant	Dardet, A. ٥.
Gymnastique.	Le Guénec, I. ٥.
Travail manuel	Bécourt, A. ٥, Gainsette.
— —	Fournier, Duclos.
Exercices militaires	Le Guénec, I. ٥, Laroup.

Conférences et Interrogations.

MM. Boudouard.	MM. Grant, Berthet.
Rochat.	Cœuret, I. ٥, Halden.

Instituteurs chargés de la direction d'une classe primaire.

M. Faurel, A. ٥.	M. Gainsette.	M. Somveille.

6

SURVEILLANCE ET DIRECTION DU TRAVAIL

Répétiteurs chargés de la direction d'une division.

4ᵉ *année.* — MM. BELLOC, A. ✪, DIBON.

3ᵉ *année.* — MM. LAVAUD (Fernand), LUCAS.

2ᵉ *année.* — MM. BERNAUX, ABESCAT, RIGAUT, SALEUR.

1ʳᵉ *année.* — MM. BARON, A. ✪, BOUNIARD, NERSON, BERTRAND, MAZURIER, LAVAUD (Pierre).

Répétiteurs chargés de la direction d'une étude d'internes.

MM. MOREL, CHAINTREAU.   MM. GUILLOTEL, CONSTANTIN.

AGNUS, BODIN.   HENRY.

Répétiteurs préparateurs.

M. LEYRITZ.   M. DEGAND.

LISTE

Par ordre d'Arrondissements et de Quartiers

DE MM. LES MEMBRES

DU CONSEIL MUNICIPAL DE PARIS

1ᵉʳ ARRONDISSEMENT.

Quartier Saint-Germain-l'Auxerrois.
Edmond GIBERT, ancien négociant, quai de la Mégisserie, 8.
Quartier des Halles.
Alfred LAMOUROUX, docteur en médecine, rue de Rivoli, 150.
Quartier du Palais-Royal.
LEVÉE, négociant, rue de Rivoli, 176.
Quartier de la Place-Vendôme.
DESPATYS, ancien magistrat, place Vendôme, 22.

2ᵉ ARRONDISSEMENT.

Quartier Gaillon.
BLACHETTE, représentant de commerce, rue Saint-Augustin, 33.
Quartier Vivienne.
CARON, avocat, ancien agréé, rue Saint-Lazare, 80.
Quartier du Mail.
Léopold BELLAN, négociant, rue des Jeûneurs, 30.
Quartier Bonne-Nouvelle.
REBEILLARD, joaillier-sertisseur, rue de Palestro, 1.

3ᵉ ARRONDISSEMENT.

Quartier des Arts-et-Métiers.
BLONDEL, avocat, boulevard Beaumarchais, 93.
Quartier des Enfants-Rouges.
Louis LUCIPIA, publiciste, rue Béranger, 15.
Quartier des Archives.
L. ACHILLE; ancien négociant, rue du Temple, 178.
Quartier Saint-Avoye.
BRENOT, industriel, rue du Temple, 117.

4ᵉ ARRONDISSEMENT

Quartier Saint-Merri.
OPPORTUN, ancien commerçant, rue des Archives, 13.
Quartier Saint-Gervais.
PIPERAUD, ancien chef d'institution, rue du Roi-de-Sicile, 10.
Quartier de l'Arsenal.
Charles VAUDET, publiciste, boulevard Morland, 14 *bis*.
Quartier Notre-Dame.
RUEL, propriétaire, rue de Rivoli, 54.

5ᵉ ARRONDISSEMENT.

Quartier Saint-Victor.
SAUTON, architecte, rue Soufflot, 24.
Quartier du Jardin-des-Plantes.
DESPLAS, avocat, rue de l'Arbalète, 34.
Quartier du Val-de-Grâce.
LAMPUÉ, propriétaire, boulevard de Port-Royal, 72.
Quartier de la Sorbonne.
André LEFÈVRE, chimiste, rue de l'École-Polytechnique, 14.

6ᵉ ARRONDISSEMENT.

Quartier de la Monnaie.
Paul BERNIER, avocat, rue de Seine, 53.
Quartier de l'Odéon.
ALPY, docteur en droit, avocat à la Cour d'Appel, rue Bonaparte, 68.
Quartier Notre-Dame-des-Champs.
DEVILLE, avocat à la Cour d'Appel, rue du Regard, 12.
Quartier de Saint-Germain-des-Prés.
Paul VIVIEN, avocat à la Cour d'Appel, rue de Vaugirard, 16.

7e ARRONDISSEMENT.

Quartier Saint-Thomas-d'Aquin.

Ambroise RENDU, docteur en droit, avocat à la Cour d'Appel, rue de Lille, 36.

Quartier des Invalides.

Roger LAMBELIN, publiciste, rue Saint-Dominique, 30.

Quartier de l'Ecole-Militaire.

Adrien MITHOUAARD, homme de lettres, place Saint-François-Xavier, 10.

Quartier du Gros-Caillou.

Arsène LOPIN, publiciste, quai d'Orsay, 105.

8e ARRONDISSEMENT.

Quartier des Champs-Élysées.

QUENTIN-BAUCHART, avocat et homme de lettres, rue François Ier, 31.

Quartier du Faubourg-du-Roule.

CHASSAIGNE-GOYON, docteur en droit, avocat, rue de la Béotie, 110.

Quartier de la Madeleine.

FROMENT-MEURICE, orfèvre, rue d'Anjou, 46.

Quartier de l'Europe.

Louis MILL, avocat, rue de Monceau, 83.

9e ARRONDISSEMENT.

Quartier Saint-Georges.

Paul ESCUDIER, avocat à la Cour d'Appel, rue Moncey, 20.

Quartier de la Chaussée-d'Antin.

Max VINCENT, avocat à la Cour d'Appel, rue de la Victoire, 58.

Quartier du Faubourg-Montmartre.

CORNET, ancien négociant, rue de Trévise, 6.

Quartier Rochechouart.

Félicien PARIS, avocat, rue Baudin, 31.

10e ARRONDISSEMENT.

Quartier Saint-Vincent-de-Paul.

Georges VILLAIN, publiciste, rue de Maubeuge, 81.

Quartier de la Porte-Saint-Denis.

HATTAT, négociant, rue de l'Aqueduc, 21.

Quartier de la Porte-Saint-Martin.

N.

Quartier de l'Hôpital-Saint-Louis.

FAILLET, comptable, boulevard de la Vilette, 19.

11ᵉ ARRONDISSEMENT.

Quartier de la Folie-Méricourt.
PARISSE, ingénieur des arts et manufactures, rue Fontaine-au-Roi, 49.
Quartier Saint-Ambroise.
GELEZ, employé, rue du Chemin-Vert, 99.
Quartier de la Roquette.
FOUREST, médecin-vétérinaire, avenue Parmentier, 6.
Quartier Sainte-Marguerite.
CHAUSSE, ébéniste, avenue Philippe-Auguste, 64.

12ᵉ ARRONDISSEMENT.

Quartier du Bel-Air.
MARSOULAN, fabricant de papiers peints, rue de Paris, 90 (Charenton).
Quartier de Picpus.
John LABUSQUIÈRE, publiciste, rue de Rivoli, 4.
Quartier de Bercy.
COLLY, imprimeur, rue Baulant, 11.
Quartier des Quinze-Vingts.
Pierre MOREL, employé, rue de Charenton, 152.

13ᵉ ARRONDISSEMENT.

Quartier de la Salpêtrière.
MOSSOT, négociant en vins, rue Lebrun, 11.
Quartier de la Gare.
NAVARRE, docteur en médecine, avenue des Gobelins, 30.
Quartier de la Maison-Blanche.
Henri ROUSSELLE, commissionnaire en vins, rue Humboldt, 25.
Quartier Croulebarbe.
Alfred MOREAU, corroyeur, boulevard Arago, 38.

14ᵉ ARRONDISSEMENT.

Quartier du Montparnasse.
RANSON, représentant de commerce, rue Froidevaux, 6.
Quartier de la Santé.
HENAFFE, graveur, rue de la Tombe-Issoire, 36.
Quartier du Petit-Montrouge.
CHAMPOUDRY, géomètre, rue Sarette, 25.
Quartier de Plaisance.
PANNELIER, photographe, avenue du Maine, 76.

15ᵉ ARRONDISSEMENT.

Quartier Saint-Lambert.
CHÉRIOUX, entrepreneur de maçonnerie, rue de l'Abbé-Groult, 107.
Quartier Necker.
CHAUTARD, docteur ès-sciences, rue Ollivier de Serres, 47.
Quartier de Grenelle.
Ernest MOREAU, forgeron, rue du Théâtre, 150.
Quartier de Javel.
DANIEL, modeleur-mécanicien, rue Saint-Charles, 143.

16ᵉ ARRONDISSEMENT.

Quartier d'Auteuil.
LE BRETON, ingénieur, rue Chardon-Lagache, 47.
Quartier de la Muette.
CAPLAIN, chaussée de la Muette, 6.
Quartier de la Porte Dauphine.
GAY, publiciste, rue de la Faisanderie, 26.
Quartier de Chaillot.
FORTIN, ancien négociant, rue de l'Université, 107.

17ᵉ ARRONDISSEMENT.

Quartier des Ternes.
Paul VIGUIER, publiciste, avenue Carnot, 9.
Quartier de la Plaine-Monceau.
Emile BEURDELEY, ingénieur, avenue Niel, 86.
Quartier des Batignolles.
CLAIRIN, avocat à la Cour d'Appel, rue de Rome, 133.
Quartier des Épinettes.
Paul BROUSSE, docteur en médecine, avenue de Clichy, 81.

18ᵉ ARRONDISSEMENT.

Quartier des Grandes-Carrières.
Adrien VEBER, avocat à la Cour d'Appel, rue Lepic, 53.
Quartier de Clignancourt.
LE GRANDAIS, publiciste, rue Ordener, 135 *bis*.
Quartier de la Goutte-d'Or.
BEUILLÉ, correcteur d'imprimerie, rue Stephenson, 45.
Quartier de la Chapelle.
BLONDEAU, charron, rue de la Chapelle, 112.

19ᵉ ARRONDISSEMENT.

Quartier de la Villette.
VORBE, fondeur, rue Armand-Carrel, 1.
Quartier du Pont-de-Flandre.
BRARD, employé, rue de l'Ourcq, 58.
Quartier d'Amérique.
Arthur ROZIER, employé, rue des Fêtes, 36.
Quartier du Combat.
GRÉBAUVAL, homme de lettres, rue de la Villette, 47.

20ᵉ ARRONDISSEMENT.

Quartier de Belleville.
BERTHAUT, facteur de pianos, rue des Couronnes, 122.
Quartier Saint-Fargeau.
ARCHAIN, correcteur typographe, rue Pelleport, 165.
Quartier du Père-Lachaise.
LANDRIN, ciseleur, rue des Prairies, 81.
Quartier de Charonne.
PATENNE, graveur, rue des Pyrénées, 89.

Paris. — E. KAPP, imprimeur, 83, rue du Bac.